Revenir sur ses pas

« C'est quelque chose de revenir chez soi. C'est le même cadre, la même odeur, la seule chose qui ait changé, c'est vous. »

Benjamin Button

Les petits souliers ou comment ma vie s'écoule à la Mafpa :

Je pourrais dire que je suis réduit à attendre les petits souliers qui claquent dans les escaliers ou bien qui sonnent le pas dans les couloirs. Réduit est un peu réducteur mais ce que je veux dire par là c'est que mes journées sont rythmées par ces petits souliers.

Je me surprends à me demander « eh ben qui va là ? ». Cela ressemble un peu au régiment mais un régiment avec de bien beaux soldats qui sont à ré engager sans se poser de questions.

Il faut dire que cela me met en éveil, ces petits souliers.

Pourquoi suis-je revenu à la Ville aux dames ? Lorsque Dominique m'a parlé de cette maison, j'avoue que je n'étais pas du tout emballé à l'idée de me retrouver en maison de retraite ! Aujourd'hui je m'en réjouis. Vous imaginez, ce vieux bonhomme que je suis, tout seul dans sa maison à Véretz et puis je n'aurais pas pu découvrir tout ce petit monde ici qui prends soin de moi. Jamais je n'aurais imaginé écrire mon histoire pardi !

J'ai connu le village en 1950 et jusqu' à mes soixante ans en 1983.

On a dit qu'il fallait que je pense à laisser la place aux autres ! Et c'est comme ça que je suis tombé à la retraite. C'est une bien drôle expression ça : tomber à la retraite !

Alors on a trouvé une maison à Véretz. C'était la maison d'un facteur qui faisait la tournée à Saint Pierre des corps. Il voulait se rapprocher de ses enfants et il a mis sa maison en vente. Et nous, nous l'avons achetée.

Je ne m'ennuie pas ici, je me laisse vivre.

Madame Papin, elle nous a expliqué comment on vivait à la MAFPA et nous a dit « J'ai un logement qui sera vide dans deux jours si vous voulez !».

Deux jours ! « Tu comprends à force de vieillir, on s'affaiblit, tu seras bien ici » m'a dit ma fille.

Et en effet, dans les trois jours suivants, j'emménageais à la MAFPA Jeanne Jugan. Il a été adroit le bougre, Dominique, mon fils. Il a trouvé trois copains costauds pour me déménager !

Il faut quand même s'adapter !

Quand tu as été habitué à vivre tout seul et que du jour au lendemain tu te retrouves à vivre en communauté, il y a quelques réglages à faire.

Au début, je chantais dans les couloirs, comme ça, par habitude mais une dame m'a dit « Mr Lacassagne, il ne faut pas chanter aussi fort et pas dans les couloirs ! » Bien mon capitaine ! Et alors, je coupe le sifflet dans les couloirs. Mais je n'arrive pas à ne pas chanter chez moi. C'est comme aussi quand je regarde le rugby à la télé ou les matchs de foot, j'ai des acclamations qui m'échappent !

Changer d'endroit, ce n'est plus de mon âge.

Ecrire son histoire, c'est une sacrée aventure. Je n'ai pas envie d'une biographie ordinaire, j'ai juste envie ici de partager des souvenirs que j'ai choisis et qui ont du sens pour moi.
Tout commence avec ma naissance : le douze août 1923.

Souvenirs d'école

1926

Comme il est difficile de raconter mes souvenirs d'école. La mémoire fout le camp !

Je suis un gamin de Talence à côté de Bordeaux. A l'époque il y avait deux types d'école chez nous : l'école laïque et l'école privée des frères. Elle était sacrément réputée l'école des frères et elle faisait concurrence à l'école laïque. Moi, je suis allé à l'école laïque.

L'école des frères était payante et beaucoup plus loin de la maison et mes parents ne pouvaient pas payer l'école. L'école des frères, c'était pour les notables, pour les gens aisés, la haute société comme on dit. Vous imaginez bien qu'un gamin de tonnelier cela ne puisse pas aller à l'école des Frères.

Et tant mieux ! Car moi, je suis allé à l'école de la République, celle de Jules Ferry. C'est lui qui a poussé à ce que les gosses puissent aller à l'école, puissent recevoir une éducation : L'éducation pour tous !

L'école communale était obligatoire. Il n'y avait pas d'uniforme à proprement parlé, nous portions une blouse grise mais pas forcément.

Parfois cela pouvait être aussi un tablier noir. Les filles, je crois qu'elles portaient une blouse rose.

Je ne suis plus très sûr.

Dans certaines familles, d'une année à l'autre, on raccommodait les blouses pour que cela fasse une année de plus. Elles étaient boutonnées sur le côté. Elles n'avaient pas grande prétention.

Nous rentrions à l'école enfantine vers six-sept ans. Une délivrance pour nos mères ! Elles disaient : « Pourquoi ne prennent-ils pas nos drôles un peu plus jeunes ». Elles en avaient un peu marre de nous avoir dans leurs jupons.

Après l'école enfantine, il y avait **le cours élémentaire** de sept à neuf ans, **le cours moyen** de neuf à onze ans et **le supérieur** de onze à treize ans. Ce cycle s'appelait je crois l'école primaire supérieure : l'EPS autrement dit. A la fin du cycle, on passait notre certificat de fin d'études. Qu'est-ce qu'on était fiers avec ce premier diplôme qui nous tombait dans les bras ! Pour beaucoup, cela signifiait aussi l'arrêt de l'école et le début de la vie active.

Les deux communes Talence et Bègles se sont regroupées et cela en faisait des gamins à qui il fallait enseigner le français, le calcul, l'histoire et la géographie. A l'école, nous n'apprenions pas la guerre 14-18. C'est bien trop tôt, il y avait encore des blessures, des souffrances trop présentes. Ce sont nos pères qui nous racontaient la guerre mais surtout le bon côté de la guerre mais rarement le mauvais côté. Toutes ces histoires, loin du canon, en arrière et qui permettaient de tenir le coup. Mon père était au deuxième génie de Montpellier puisqu'il était tonnelier considéré comme ouvrier en bois.

Et pour ceux qui voulaient mais surtout qui pouvaient, on poursuivait notre scolarité **en brevet élémentaire** (le BE) et ensuite **le brevet d'études primaires supérieures** (BEPS). Il y avait tout un tas de catégorie, c'était un vrai fouillis. On sortait de ces études vers l'âge de seize ans. Après, il y avait le lycée. Le Lycée était surtout pour les enfants issus des couches sociales plus aisées. Nos parents payaient des cotisations lorsqu'on poursuivait dans les classes du brevet d'études primaires supérieures. Ce n'était donc pas possible pour tout le monde.

Il y avait les riches et les pauvres et cela se sentait dans les écoles : les pauvres bougres et ceux qui étaient toujours en haut.

Si nous ne pouvions pas faire le lycée, on rentrait dans des écoles spécialisées pour apprendre un métier comme l'école des arts et métiers.

J'ai donc passé à seize ans mon BEPS. « Bon maintenant il a son BEPS, va-t-il continuer ? » c'est la question que mon père se posait. Mais en 1940 tout bascule pour moi comme pour beaucoup d'entre nous. La guerre ! Pauvre jeunesse !

La tête qu'on a fait quand on a compris que ce serait une femme qui nous ferait l'enseignement. On voyait arriver des jeunes filles, guère plus vieilles que nous. Nos professeurs étaient mobilisés pour aller au front. Je me souviens parfaitement de notre professeur, en soldat, qui nous a présenté sa remplaçante. Il nous a serré la main. A tous. Il avait beaucoup de regret à nous quitter. Il y avait des professeurs à qui nous tenions et que nous aimions beaucoup.

A l'époque, il y avait surtout des hommes dans l'enseignement supérieur. Ce sont les femmes qui les ont remplacés à partir de 1940. Des jeunes filles pas beaucoup plus vieilles que nous, cela nous tourmentait nous les garçons de quinze-seize ans. Voilà pour moi cela s'est arrêté ici. Drôle d'époque. Nos rêves fauchés en pleine jeunesse.

Mais j'ai réussi ma vie. Bien des années plus tard, j'ai passé le concours des PTT et je me suis retrouvé receveur des postes ici à la Ville aux dames, moi le gamin de Talence.

Fin de primaire. Je dois avoir 12-13 ans sur cette photo. Je suis au troisième rang, deuxième en partant de la droite.

Mes plus beaux souvenirs avant la déclaration de la guerre :

Quand j'étais gamin, mes parents allaient souvent au théâtre à Bordeaux. Ils connaissaient une dame qui réussissait à avoir des places.

La sonorité n'était pas terrible dans ce théâtre.

Je me souviens qu'on a réussi avec un cousin à aller voir le fameux opéra de Wagner « Tannhäuser » qui était joué exceptionnellement en français en pleine occupation. C'était en 1942. On s'est retrouvé avec mon cousin, debout, juste derrière un monsieur qui lui avait payé sa place. Ce sont des artistes comme Germaine Lubin , George Thill et Roger Barsac qui l'ont interprété.

C'est parce que j'ai été bercé dans la musique et l'opéra dès mon plus jeune âge que j'ai cette passion pour la musique et particulièrement pour les opéras.

J'ai joué pendant longtemps de la clarinette. Je ne peux plus aujourd'hui à cause de mes dents !

Mon père

Au Banquet de la musique de la Lyre Talençaise, mon père et Marcel, mon cousin. Mon père jouait du cornet à piston.

Biarritz :

Au mois d'Aout 1936, j'avais treize ans. On commençait à sentir un peu le trouble de ce qu'il allait arriver quelques années plus tard.

Il m'est arrivé une belle surprise sur la grande plage au moment de la baignade. Ma mère prenait des bains d'eau de mer et moi je lui remplissais des bouteilles d'eau salée pour soigner ses fibromes.

J'aimais beaucoup ma mère. J'étais très proche d'elle. Elle est morte jeune, en 1937, j'avais quatorze ans. J'étais en deuxième année de secondaire. Elle a trainé une maladie que l'on ne nommait pas encore cancer. On la soignait à grands coups de guérisseurs qu'ils lui passaient les mains sur le corps, ne sachant pas de quoi, elle souffrait. La médecine n'était pas ce qu'elle est aujourd'hui. Mon père a vécu seul avec moi. Il a été veuf de bonne heure. Quand la guerre est déclarée le 02 septembre 1939, ma mère n'est plus de ce monde.

Donc, il y a eu une vague bien plus forte que les autres, et je me suis retrouvé à côté d'une dame avec son maillot de bain sur les chevilles.

J'étais un gamin tout ébahi. Faut dire qu'à l'époque les maillots de bains n'étaient pas extensibles ! Tout était attaché pour tenir. Alors dès que ça se détachait, tout descendait et on se retrouvait tout nu !

L'évolution du maillot de bain pour les femmes, ce fut une vraie révolution. Surtout l'arrivée du maillot de bain deux pièces !

J'ai vu ça sur le capot d'une voiture publicitaire quand j'étais à Paris. Avec une ceinture blanche qui tenait la culotte.

C'était dans les années 1955-1959. On voyait deux ou trois pin 'up en maillot de bain deux pièces sur une plage : Une réclame bien audacieuse Pardi ! pour l'époque.

Mon père, ma mère et moi au Rocher de la Vierge à Biarritz. J'avais treize ans. C'était en 1936. Le père, il avait mis un Béret Basque.

La maison où je suis né :

Pour moi, les familles d'aujourd'hui bougent beaucoup plus qu'avant.

Faut dire que le monde a beaucoup bougé et les moyens de locomotions participent à ce que l'on quitte la maison familiale, le quartier, le village qui nous ont vus naître, grandir.

On quitte pour aller aussi chercher du travail là où il se trouve et puis avec les moyens de télécommunication d'aujourd'hui, la proximité a pris d'autres chemins, d'autres couleurs, d'autres saveurs.

Aujourd'hui on sort de chez soi, le progrès fait bouger le monde.

Autrefois, on ne sortait pas de son trou de naissance. On restait dans le village, à la rigueur dans le village d'à côté mais jamais guère plus loin.

Nos parents ne s'éloignaient pas, mis à part quelques exceptions, comme par exemple les jeunes qui faisaient des études et qui eux devaient partir pour poursuivre leur chemin.

Pour la plupart d'entre nous, ce sont nos pères qui nous apprenaient le métier, leur métier. Moi c'est mon père qui m'a appris et je n'avais pas des kilomètres à parcourir pour me rendre à l'atelier et puis c'était la même chose chez le voisin qui lui était menuisier et ainsi de suite.

On s'élevait en cercle fermé : dans la famille, dans la maison. C'était un microcosme bien particulier. Les enfants reprenaient la suite des parents après leur décès.

Elle était respectée la maison à l'époque. C'était un sacré héritage !

La maison de famille ! Ça comptait drôlement. On ne partait pas de chez soi aussi facilement que cela. Il y avait un attachement particulier, un lien fort.

Moi, je ne suis pas né à la maison mais dans une sorte de maternité. Cela commençait tout juste les maternités.

A mon époque donc on naissait de moins en moins à la maison, on naissait dans des nurseries ou des pouponnières comme on disait à l'époque.

Puis j'ai regagné mon chez moi comme on dit. Mes parents habitaient la banlieue de Talence en bordure de la route nationale. Les maisons se touchaient toutes, un banc de maison. Elles étaient toutes pareilles : on les appelait les échoppes : des maisons uniques sans étage.

Je me rappelle, qu'avant aussi ,on avait comme des sortes de quartier qu'on appelait : la cour Gambetta, la cour du Maréchal Pétain, la cour de la libération etc…Il n'existe plus de cours aujourd'hui, tout ça, c'est devenu la route de Bayonne.

J'ai habité cour de la libération dans une petite maison de 4 pièces avec cuisine au numéro 437. Mon cousin, il habitait au 429.

Les maisons étaient toutes numérotées.

A l'époque, on dormait avec les parents dans la même chambre facilement jusqu' à l'âge de treize-quatorze ans.

J'ai perdu ma maman quand j'étais jeune. J'ai vécu dans la même chambre avec mon père.

J'ai de beaux souvenirs dans cette maison. Souvent, j'y repense. J'ai l'impression que c'était hier.

Mes plus beaux souvenirs sont étroitement liés à Noël parce que c'était l'un des rares moments où toute la famille se réunissait autour de bons repas.

On mettait nos sabots devant la cheminée de la cuisine. Et on retrouvait le lendemain de Noël, dans nos sabots : la fameuse orange ou des chocolats.

Les noëls de mon enfance n'avaient rien à voir avec l'opulence des noëls d'aujourd'hui.

On se rassemblait chez les grands parents. Il y avait toujours le tourne broche dans la cheminée qui allait servir à faire cuire le gigot. C'était une machine à sou qui faisait tourner le tourne broche.

Les sous étaient en cuivre et on savait exactement combien de sous, il fallait pour faire cuire le gigot. Je me rappelle encore du bruit que faisaient les sous qu'on glissait dans la machine : « tic-toc, tic-toc. Oui, encore une fois et il sera bien cuit le gigot. Tic-toc ».

Quand le gigot était prêt, ça sonnait « dring-dring ».

Tout gosse, cela m'étonnait. J'admirais cela et je pouvais passer des heures devant la cheminée à regarder le gigot cuire.

Qu'est-ce que j'aimais voir tourner le tourne broche. Sous le gigot, il y avait toujours un plat ovale qui avait pour fonction de ramasser le jus du gigot. On ramassait le jus à la grosse cuillère et on arrosait le gigot pour qu'il ne sèche pas.

Quand j'ai eu dix-douze ans, on m'a confié cette tâche : j'étais devenu l'arroseur.

Et les grands parents de répéter sans cesse
« N'oublie pas d'arroser de temps à autre
». Comment aurais-je pu oublier !

Alors je répondais toujours « Non-Non ». C'était une chanson ressassée tous les ans mais qui ne prenait pas une ride !

Être chez les grands-parents devant le feu de la cheminée : quels souvenirs ! au lieu-dit « plume la poule ».

Malheureusement, cela s'est perdu avec le progrès bien sûr et l'arrivée de la fameuse cuisinière.

La guerre

J'avais seize ans quand la guerre éclate. On sortait tout juste des examens et on ne savait pas ce qu'on allait devenir avec tout ce bruit, ces rumeurs, cette peur qui montaient à l'annonce de la guerre.

1939, cela me laisse toujours un gout amer. Nous, les gamins de seize-dix-sept ans, on faisait grise mine même si on ne comprenait pas encore très bien ce qui se passait : la mobilisation.

On sentait que ce n'était pas bon signe. On voyait les compartiments des trains réservés pour la mobilisation. On voyait aussi nos parents qui avaient fait ou vécu la guerre 14-18, trembler tous les jours en entendant le mot mobilisation.

Faut dire que ce n'était pas l'enthousiasme de 14 avec la fameuse expression « partir la fleur au fusil ». Les hommes disaient tout bas « encore une guerre, quelle drôle d'époque ! ».

En 1939, Les allemands faisaient peur à tout le monde. Je me rappellerai toujours de l'arrivée des allemands chez nous. Les allemands sont passés devant notre maison.

Une moto side car en première ligne et la mitrailleuse qui visait nos maisons, suivie d'une série de voiture toutes bien cirées, les mitrailleuses en biais. Quelle impression ! indescriptible encore aujourd'hui !

Puis les écoles ont fermé et mon père m'a pris à l'atelier en me disant « tu vas venir avec moi à l'atelier ». Les allemands pistaient les jeunes hommes pour commencer à nous envoyer chez eux. Ben voyons de la main d'œuvre pour pas cher !

Ce désastre !

Quand on était à l'atelier, on ne se faisait pas voir sur la route. Mon père demandait toujours à notre voisin : « Qu'est-ce que vous en pensez ? ils ont toujours les mêmes sales gueules qu'en 1914 ! »

Quoi penser quand vous n'êtes pas l'envahisseur ? c'était la question qui taraudait le jeune homme que j'étais.

En Juin 1940, les allemands avaient ramassé la moitié de la France. Les écoles étaient fermées.

C'était l'arrêt de l'éducation, de la vie tout simplement. Les allemands sont rentrés dans Bordeaux le 28 juin 1940.

Il n'y avait plus aucune fantaisie. C'était une ambiance morose, triste qui planait et qui puait la peur et la mort sur Talence et partout ailleurs.

Je devais rentrer dans une petite usine de Talence si tout avait été normal le 1er Juillet 1940. J'arrive sur place, à l'usine. Usine fermée, tout est bloqué. Le bruit courait que les jeunes qui n'avaient pas d'emploi, oui c'était mon cas, ou qui sortaient de l'école, étaient considérés inutiles !

Il fallait trouver un emploi et nous étions donc en situation très précaire. Alors mon père me dit « Tu vas venir à l'atelier avec moi, cela t'évitera d'être à la rue. ». Sans regret car j'aimais bien la tonnellerie mais je n'avais pas prévu d'en faire mon métier car je devais être dessinateur de cette petite usine métallique.

J'ai travaillé avec mon père et trois autres ouvriers. Ce fut mon tout premier travail.

On cherchait du fer partout. Il y avait une vraie pénurie de fer.

Avant la guerre, on utilisait du fer propre mais avec la pénurie, on devait se casser la tête pour récupérer du fer coûte que coûte. Alors on en récupérait dans les emballages des bas de laine. On faisait du feu et on nettoyait ce fer en essayant de faire sortir la graisse.

Dans toutes les maisons, il y avait le portrait du Général Pétain : c'était l'homme de l'avenir, de la Victoire ! Nous devions montrer que nous n'étions pas anti-Pétain.

L'Allemagne commandait tout. La France a été coupée en deux : La zone occupée et la zone libre. Il y en a beaucoup qui sont passés en zone libre. Ils payaient des passeurs : Quel culot de demander du pognon pour passer en zone libre ! Heureusement qu'il y avait aussi beaucoup de dévouement, d'entre-aide.

Le sapin de Noël :

Un grand étonnement des habitants de la place de la comédie ou place du théâtre, pour la première fois, c'est de voir arriver à bord d'un gros camion, quelques jours avant Noël, un sapin.

Je me rappelle de cet étonnement des Bordelais : on n'avait jamais vu un grand sapin sur un camion.

Les allemands étaient déjà là. Ils installaient donc leur veillée de Noël. C'était en décembre 1940.

1940 : l'année de l'ordre nouveau dicté par les pas des allemands et de leurs coutumes. C'est le 1er Juillet 1940 à 23h00 que Bordeaux est passée à l'heure allemande.

Pour les allemands, c'étaient une coutume de décorer un sapin mais nous, nous n'avions jamais eu l'idée de décorer un sapin sauf en Alsace.

L'emblème de Bordeaux, c'est le pin maritime : il y avait des immensités de pins maritimes, à perte de vue.

Avant l'arrivée des allemands et de leur sapin de Noël, je disais qu'il n'y avait pas de sapins dans les maisons bordelaises. Pour nous, c'était l'installation de la crèche qui symbolisait Noël et d'ailleurs il n'y avait pas non plus les santons. C'est venu bien après les santons de Provence.

Le fameux sapin planté sur la place de la comédie pour fêter Noël, ça a fait le tour de la France entière.

Les cadeaux de Noël, à l'époque et avant la guerre pour les gosses, on mettait nos sabots devant la cheminée et on avait des oranges. On n'avait pas de cadeaux à Noël.

Le matin de Noël, on regardait si le père Noël avait apporté quelque chose et on se demandait entre camarades si le père Noël était passé.

J'aimais bien la nuit du vingt-quatre et vingt-cinq décembre, j'étais toujours traversé par des sentiments sensationnels que je ressentais seulement cette nuit-là.

Il y avait aussi la messe de minuit. C'était très important, à l'époque, la messe de minuit. Mais pendant l'occupation, la messe de minuit était à dix-sept heures à cause du couvre-feu qui lui était à vingt et une heure. Ça faisait un choc quand même d'aller à la messe de minuit à dix-sept heures.

Pour nous autres, enfants de chœur, la naissance du seigneur, c'était quelque chose de très important.

C'est aux étrennes, qu'on recevait un petit quelque chose. Quand on allait souhaiter la bonne année chez le parrain, la marraine, on recevait nos étrennes à ce moment-là.

C'était important le nouvel an pour nous. Pardi !

Les femmes pendant la guerre

Tous nos profs étaient mobilisés, il n'y avait pas de planqués ! Tous les hommes en âge de partir devaient partir au front : cela provoquait du doute. Et c'était les jeunes femmes fraîchement sorties de l'école qui nous faisaient les cours. Allaient-elles tenir le coup devant ces jeunes hommes que nous étions ?

A Talence comme partout ailleurs, avec ces hommes mobilisés, il fallait organiser le quotidien et ce sont les femmes qui ont pris la place des hommes. Je me souviens de ces femmes qui partaient travailler en vélo et vêtues de la culotte bleue des ouvriers. Après cela s'est généralisé, on s'habituait à ces femmes en bleu ! comme quoi on s'habitue à tout ! De voir ça, ça secouait drôlement nos anciens !

Elles ont beaucoup travaillé dans les usines françaises d'aviation. Dès 1940, elles ont fabriqué des balles, des obus. Elles étaient très courageuses ces femmes. Vous imaginez qu'elles fabriquaient des balles. Des balles pour tuer !

Tous les jours, elles avaient dans leur main la mort probable de quelqu'un.

Beaucoup de femmes doivent donc se débrouiller seules pour vivre ou nourrir leurs enfants. Il leur faut trouver un emploi ou accomplir les travaux de la ferme à la place du mari absent, parfois avec l'aide du grand-père, qui reprend du service pour les tâches les plus dures malgré son âge.

Elles étaient aussi les reines de la débrouille. Plus de savon ? Elles apprenaient à en fabriquer en mélangeant suif, soude et résine ou bien feuilles de lierre bouillies. Plus de tissu ? Elles créaient des robes, des blouses ou des chemises dans des rideaux découpés, dans des dessus-de-lit, voire dans de la toile à matelas. Elles détricotaient les chaussettes trouées et les vieux pulls pour en tricoter des neufs. Bref, les tâches ne manquaient pas, sans compter les interminables queues à faire devant les magasins, tickets d'approvisionnement à la main.

J'ai toujours admiré le courage dont elles ont fait preuve dans cette solitude qui était la leur et sans jamais baisser les bras.

Parce que quoiqu'il arrive, il fallait continuer et rester debout pour nourrir les enfants.

A Bordeaux, ma femme, à ses dix-huit ans, pendant la guerre, était infirmière volontaire à la croix rouge. Elle était volontaire avec sa sœur.

Elles ramassaient tous les débris humains dans les décombres après chaque bombardement : ça et là des pouces, des pieds, des mains qu'elles mettaient dans des petites poches.

Je ne la connaissais pas à cette époque.

La classe 43

J'ai fait partie de la classe 43. Nous avons été appelés pour partir en Allemagne et servir de main d'œuvre aux allemands. On appelait cela le STO[1]. Il a été instauré par l'Allemagne en 1943, je crois.

Le STO, c'était, durant l'occupation de la France par l'Allemagne, la réquisition et le transfert vers l'Allemagne de centaines de milliers de travailleurs français contre leur gré, afin de participer à l'effort de guerre allemand que les revers militaires contraignaient à être sans cesse grandissant (usines, agriculture, chemins de fer, etc.). Les personnes réquisitionnées dans le cadre du STO étaient hébergées dans des camps de travailleurs en Allemagne.

Je ne voulais pas y aller mais je n'ai pas eu le choix comme tous les jeunes de mon âge. On nous arrachait à notre famille, à notre travail sans nous demander notre avis.

---

[1] Service du travail obligatoire

Pour nous préparer au départ, on nous a appris des chansons, des airs pour marcher au pas, des airs aussi portant sur le travail. J'ai appris là-bas la marche des jeunes de Charles Trenet. *(Mr Lacassagne chante)* :

« *Le ciel est bleu, le ciel est bleu.*

Réveille-toi, réveille-toi.
C'est un jour nouveau, qui commence
Le ciel est bleu, le ciel est bleu.

Réveille-toi, réveille-toi. Les oiseaux chantent sur les toits Réveille-toi !

Ah ! qu'il est bon d'avoir notre âge,
Ah ! qu'il est bon d'avoir vingt ans
Et de marcher le cœur content
Vers le clocher de son village !
Qu'elle est jolie notre rivière,
Qu'elle est jolie notre maison,
Qu'elle est jolie la France entière... »

Embrigadés, on se retrouve là à attendre notre départ vers l'Allemagne avec toujours cette même question « Qu'est-ce qu'on va faire de nous ? »

Contre toute attente, cette formation, la classe 43 comme ils nous appelaient n'a pas tenue. On a été tout bonnement oubliés. On n'est jamais partis en Allemagne.

Je crois qu'ils avaient autre chose à faire. En Allemagne après la défaite de Stalingrad, ça allait très mal. Les allemands avaient perdu de leur superbe.

A la gare de Saint-Jean à Bordeaux, il y avait la liste de tous ces pauvres bougres comme moi qui devaient partir et ces salauds de la gestapo en chapeaux noirs et toiles cirées, ils regardaient bien si on montait dans les wagons.

Par chance, avec tous les évènements qui étaient en train de se passer, nous sommes arrivés à Paris, à la gare de Lyon et avec tous ces couloirs tellement longs, on a trouvé le moyen de s'échapper au centre de Kellermann. J'avais vingt ans.

A Paris, c'était la pagaille, le chaos. On nous a regroupés dans une ancienne école. J'ai été tout surpris : tous ces jeunes qui venaient de la France entière, innocents que nous étions.

On nous avait posé là toute notre équipe qui devait partir en Allemagne et on s'est retrouvé là en rendez-vous avec un monsieur qui nous ramène à quatorze heures aux Invalides et en pénétrant dans une galerie de drapeaux de régiment datant de 14-18, il y avait deux personnes qui n'arrêtaient pas de monter et descendre. Tout était vide même le musée. Il dit alors « Messieurs, nous sommes sauvés, voilà du renfort ! » et c'est là qu'il nous a montré tous ces drapeaux, abimés, en mauvais état en nous disant : « Messieurs, vous allez mettre sur vos épaules pas plus de trois drapeaux parce que c'est très lourd et me suivre. »

On sort donc de cette galerie et on suit ce monsieur. Il nous emmène dans une chapelle, la chapelle Saint Michel. Et nous pénétrons dans cette petite église et il fait une petite flexion devant l'hôtel. Ça je m'en rappelle car nous étions tout étonnés. Alors on fait comme lui. « Non, non vous n'êtes pas obligés ».

Et c'est là qu'on contourne l'autel et nous entrons étonnés car nous nous trouvons devant le tombeau de l'Empereur en quartzite rouge. Vraiment étonnés parce que personne ne peut aller au pied du tombeau. Normalement les visiteurs le voient du dessus. Nous entourons, toute l'équipe, cet énorme bloc.

S'asseoir sur le tombeau de l'empereur Napoléon, ce n'est pas donné à tout le monde. Eh bien moi, je m'y suis assis, sur le tombeau rouge de Napoléon, pour attendre le monsieur qui nous faisait porter les drapeaux.

Puis nous suivons le monsieur qui ouvre une porte dérobée bleue et or. De cette petite porte, qui conduisait à un tunnel, notre accompagnateur, muni d'une lampe torche, nous montre une petite allée où nous avons déposé nos drapeaux. Je ne sais pas combien d'allers et retours nous avons dû faire ni combien de drapeaux, il pouvait y avoir ! On n'a pas eu l'idée de les compter. Tous ces drapeaux à mettre à l'abri.

Ce monsieur avait entendu plutôt dans la journée le Führer donnant l'ordre de miner tous les monuments de Paris et c'est ainsi qu'il avait pris la décision de mettre à l'abri tous des drapeaux.

C'était émouvant de voir la satisfaction de ce monsieur.

Nous n'avons jamais su qui était ce monsieur. Peut-être était-ce quelqu'un d'important des invalides ? Peut-être le gouverneur des invalides ?

Il est venu remercier l'officier qui s'occupait de nous.

On était les oubliés ! la turbulence du moment qui nous a permis de ne pas partir en Allemagne.

O a pu aussi être utiles d'une autre façon : Pendant cette poussée des armées alliées, une agence américaine nous a demandé de comptabiliser le nombre de blindés qui passaient par les portes de Paris où peuvent pénétrer les troupes. Avec un copain, on a été envoyés porte d'Italie pour compter le nombre de blindés sur une heure qui rentraient dans Paris.

La libération de Paris

Je me souviens de l'accolade du Général Leclerc et du curé Saint François. On ne saura jamais ce qu'ils se sont dit. Il y avait un service d'ordre autour d'eux. On ne pouvait pas approcher de la voiture. Puis le général Leclerc s'est entretenu avec le capitaine chargé du « nettoyage de l'école militaire ». L'école militaire était aux mains des allemands depuis cinq ans. Il fallait la détruire, la faire taire comme cela se disait à l'époque.

Vous savez pourquoi il fallait faire taire l'école militaire ? Parce-que c'était le principal nid de la résistance allemande à Paris.

Le vingt-cinq août 1944, après avoir pris les décisions stratégiques nécessaires comme par exemple : établir un mur de la largeur du char qui allait pénétrer dans la cour de l'école militaire, la porte de l'école militaire est mise à terre et le

Sherman[2] a alors arrosé sur une large façade de la cour de l'école.

Ces chars possédaient une mitrailleuse à rotule. L'attaque de l'école a été épuisante.

Les troupes à pied se sont livrées à un effroyable nettoyage. Il y a eu beaucoup de morts ce jour-là à l'école militaire. Un vrai carnage !

Malgré cet assaut, quelques centaines d'allemands ont eu la vie sauve, en hissant un drapeau blanc sur un bâton depuis les fenêtres de l'école militaire.

Ce fut la semaine la plus importante : une semaine révolutionnaire Pardi !

C'était en 1944, sur la semaine du dix-neuf au vingt-cinq août : la fameuse semaine qui s'était mise au diapason de la révolte Pardi !

Nous, la classe 43 oubliée et cachée à Paris, on regardait à la fois terrorisés et ébahis ce mouvement sanguinaire de libération.

---

[2] Le M4 Sherman est un char moyen et le char américain produit en plus grande quantité pendant la Seconde Guerre mondiale. Dans la campagne de libération de la France, ce char équipait entre autres la 2e DB aux ordres du général Leclerc.

On a eu quelques discussions avec des soldats du Sud-Ouest ! Le caporal du Général Leclerc était de Dordogne.

J'ai vécu tout cela de près, moi, le jeune civil caché qui ne se faisait pas voir de peur d'être envoyé en Allemagne.

Dans l'équipe de jeunes que nous formions, un drame est arrivé. Un des nôtres a été tué en voulant tirer depuis une fenêtre. Il était assisté d'un gendarme de la caserne de Sèvre Babylone. C'était parti d'une querelle avec un collègue. Il s'était fait traité de froussard ! Il avait voulu montrer qu'il n'avait peur de rien alors il a donné sa carte d'identité au bureau qu'il l'a reçu contre un fusil et cinq cartouches. Autrement dit, il n'avait rien ! Il n'a pas écouté le gendarme qui lui avait indiqué de changer de place après son premier tir. Il ne l'a pas fait et il a été tué. Parfois l'orgueil nous conduit à la mort !

C'est le même gendarme qui a nous a informé de sa mort et il nous a demandé d'aller le reconnaître à la morgue de l'hôpital Necker ou Laennec, je ne me souviens pas.

Ce dont je me souviens : c'est tous ces corps côte à côte. Ayant donc été nommés pour aller accomplir ce triste travail, nous nous rendons avec les collègues à la morgue.

Nous ouvrons une porte et un employé avec une casquette où il était marqué HP nous reçoit en nous disant avec un air cynique et une voix sinistre :
« Excusez pour la présentation ! ». En effet, devant nos yeux : une salle cimentée, des draps blancs qui servaient à recouvrir les corps, les morts remontés sur des blocs de glace. Entre les rangées de cadavres, des petits écoulements légèrement en pente où ruisselle un liquide de teinte rosée.

Au cinquième cadavre, nous avons reconnu notre camarade. Cela fait un drôle d'effet. Il a fallu se tenir !

Notre camarade a été enterré quatre-cinq jours après. Si seulement il avait écouté, il ne serait pas mort !

Puis on nous a donné enfin des bons alimentaires pour manger dans les auberges de jeunesse et on nous a donné des brassards avec cette inscription « équipe nationale ».

Qu'est-ce que cela voulait bien dire « équipe nationale » ? On n'en savait fichtrement rien !

Mais on nous avait dit : « Avec ce brassard, vous passerez partout ! ». Cela a été vrai. Personne ne nous a jamais demandé quoique ce soit.

Paris, à partir du dix-neuf août : une vraie désolation, la police de Paris révoltée qui n'écoutait plus les ordres, devant Notre Dame, en résistance, les rues dépavées de Paris, les platanes sciés… Tout était parterre.

Et C'est de là que tout est parti. La Révolte, sans se cacher mais il fallait frôler les murs !

Les infirmières de la croix rouge : Quel courage ! avec la civière sous le bras et un drapeau surtout avec la milice qui tirait de partout. Elles ramassaient tous les blessés : un allemand, un passant. Tout le monde était pris en charge !

Et le même jour de la libération de Paris, le 25 août 1944, il y a eu le terrible massacre de Mayet alors que le Général de Gaulle descendait de l'étoile à la Concorde.

Il y en avait du monde dans les rues de Paris. On n'apercevait que le Képi du général de Gaulle.

Quand la guerre fut finie, la vie a repris doucement. Je me souviens d'un ami qui dirigeait un orchestre « les amis de l'art ». On pouvait enfin reprendre les répétitions. Il y avait une jeune fille qui s'appelait Marie José. Son ami était violoniste dans l'orchestre. Elle n'était pas musicienne mais elle aidait pour l'organisation, la distribution des cartons.

Un jour, elle s'est mise en colère après tout l'orchestre après une réflexion qui lui a été faite. Pendant une répétition, le chef d'orchestre me dit « Marie José pourra t'aider à tourner les pages, si tu veux, tu lui feras signe de tourner ».

Alors moi, pour lui faire signe de tourner la page, je lui ai donné un coup de coude. Cela ne lui a pas plu ! Elle me dit qu'elle trouvait ce geste déplacé « Vous en avez des façons de faire ! » et là je lui rétorque « Je n'ai pas trouvé mieux comme signe. Ben oui avec la clarinette, j'ai les deux mains prises ! ».

Elle me traita de goujat et rajouta : « Je ne risque pas de faire des enfants avec celui- là ». Je suis resté interloqué. On ne s'aimait pas beaucoup tous les deux au début. Après ça s'est arrangé entre elle et moi. On est devenus des copains de musique.

A la libération, les bals ont repris. La Lyre Talençaise a repris du service.

Pendant cette période, beaucoup de jeunes se sont rencontrés et se sont mariés. On se regardaient entre filles et garçons : la vie reprenait son cours tout simplement.

Défilé du 08 Mai 1945 avec le bélier, emblème du Maroc à Bordeaux. Le bélier n'obéissait qu'à son patron Mohammed.

Les tambours et les clairons, puis les trombones. Moi j'étais dans les trombones mais on ne me voit pas sur cette photo. On était partis de l'allée de Tournier pour aller jusqu'au théâtre. On s'est arrêté alors pour laisser les pas renouvelés aux tirailleurs.

Aux lendemains de la guerre :

A la sortie de la guerre, la classe 43, ma classe, on a fait notre régiment en 1944-1945 sitôt après la guerre.

 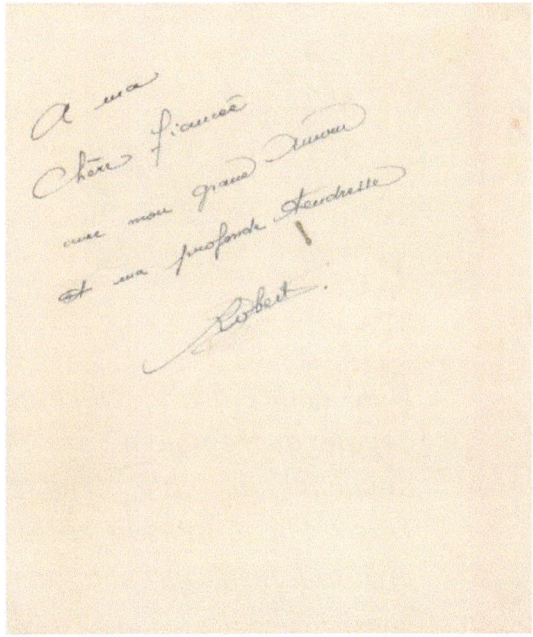

Moi, en tenue de régiment.

5 décembre 1945, mariage d'un copain du régiment. Ses parents tenaient un café, rue Victor Hugo. On se mariait en tenue de civil tout juste après la guerre.

Et après la vie ….

Le concours des PTT : 1953

J'ai lu bizarrement dans le journal que l'administration des PTT ouvrait un concours de 1500 emplois. Ils établissaient un concours d'avance en sachant combien de personnes allaient partir à la retraite et donc qu'il fallait remplacer. La guerre était finie. En sachant que la tonnellerie artisanale était vraiment écrasée par l'industriel. Tout venait aux machines. Faire des barriques à la main alors que l'industrie s'installe, vous comprenez que pour le pauvre bougre qui fait tout à la main, cela allait être difficile pour la suite.

Je passe le concours et étant reçu au concours, je reçois un engagement sur Paris dans le neuvième arrondissement en service dès le mois d'avril.

Pendant ces années où j'ai travaillé sur Paris, Mimi et les enfants sont restés vivre à Talence. J'ai manqué beaucoup de choses : les enfants qui grandissent, les fêtes et les mariages. Mimi était souvent seule avec les enfants, elle assurait le quotidien.

Paris et le quartier 36 :

Tout nouveau dans cette entreprise, il a fallu d'abord trouver de quoi se loger et apprendre la marche d'une grosse entreprise. Le neuvième arrondissement, c'était quelque chose ! Il était constitué de la rue Saint Lazare, le boulevard faubourg poissonnière qui marque la limite entre le neuvième et le dixième arrondissement. C'était fabuleux : ce trimballement de papier, de publicité à distribuer. Comment va-t-on distribuer tout ça ?

Je me suis de suite mis dans le bain, au service de la distribution. Je me suis fait aux bouchons : oh ! cette rue de Châteaudun, et la rue de saint Lazare, la rue blanche, la rue de Clichy ! Quel encombrement !

Il y a eu des erreurs de courriers entre la rue de Paris qui est à Clichy et la rue de Clichy qui est à Paris ! Vous pensez d'un mélange. Il fallait s'y faire, il fallait apprendre le métier.

J'ai habité au n° 1 de la rue de Clichy, j'ai remplacé un copain qui était concierge ! Dans les années cinquante, on trouvait facilement des loges en guise de logement.

Le quartier 36 que personne ne voulait faire. Parce qu'il était très chargé, très difficile avec des gros usagers qu'on livrait en camion. Fallait voir un peu ce qu'était une distribution dans Paris.

Monsieur Jouanneau, un chef qui m'avait dit « Un bordelais, ça ne se décourage jamais. Tachez de montrer qu'un bordelais résiste ! » Il était bordelais aussi.

Les gens arrivaient de toute la France. Oh ! cette rue du quartier 36 ! Tous les magasins se touchaient, une rue importante, juste avant la rue Mogador, C'était la rue Chaussée d'Antin.

On distribuait des assurances, des banques comme la Norwich Union, des grosses entreprises comme la compagnie transatlantique, La Sncf.

C'était des camions de Paris aviation qui livraient les sacs de courriers.

Les lingots d'or :

Le jour où l'inspecteur nous a dit « vous allez faire une spéciale avec une JUVA 4, c'est une voiture Renault. Vous allez livrer des lingots d'or en sac n°2 à des agents de change et banque ».

Ils étaient un peu plus gros que le plumier devant vous. Le sac n°2 était le plus petit des sacs que nous avions.

On charge ces deux sacs dans la voiture. Nous partons faire la tournée mais le chauffeur m'affirme que la voiture ne ferme pas à clé alors que le sac de lingots était dedans.

Alors je lui dis « Mais alors au premier feu rouge, le premier venu peut voler les sacs. ». C'était une autre époque. Le chauffeur m'a rétorqué « Non ça ne voit pas ! ».

Rien ne faisait foi que c'était la Poste : Pas de publicité de la poste, pas de costume pour nous qui nous permettaient d'être identifiés.

Nous étions incognito !

Nous arrivons devant le portail d'un client concerné. C'était dans le quartier des Folies Bergères. Et nous l'informons par un petit coup de « tut tut » pour le prévenir.

Arrive à tout allure dans la cour, un gardien sortant de sa cabine avec deux énormes chiens noirs malinois de travail. C'est leur nom !

« Attendez que je les enferme ! » nous dit le gardien.

Nous rentrons dans la cour à moitié rassurés : « ils sont bien enfermés au moins ? ».

Le gardien nous indique où il fallait aller.

Le guichetier de service nous reçoit. Il avait été averti depuis le bureau de poste.

Nous lui ouvrons nos deux sacs. Il y avait des boites rectangulaires. Le responsable a vérifié si le poids était conforme, si la ficelle et la cire (quatre tampons de cire) n'avaient été rompus.

Après vérification, on nous signe notre carnet pour attester que les emballages étaient bons.

Et ce n'est qu'à ce moment-là qu'on nous permet de repartir, nous laisser reprendre la voiture, nous laisser sortir et ce n'est qu'à ce moment après la fermeture du portail qu'ils relâchent les deux molosses ! ils en bavaient de colère

Les deux petits sacs faisaient 7 kilos chacun !

C'était tellement incroyable toute la sécurité mise en place pour ces deux sacs alors que la voiture ne fermait même pas à clé !

Le 31 décembre1954

On expédiait des colis beaucoup à l'époque de Noël et du premier de l'an. Les familles envoyaient des colis à ceux qui étaient montés travailler à Paris.

C'était un 31 décembre 1954. Le facteur chef se rend compte que tout un tas de colis postaux qui restaient à distribuer étaient encore là.

Devant cette situation, il demande si quelques volontaires pouvaient venir le matin du premier Janvier afin de livrer les colis et liquider le stock qui aurait dû être distribué au moins la veille.

Chacun choisit un quartier à distribuer, celui qu'on connaissait le mieux. Nous avons chargé les poussettes et on a entamé notre distribution.

Nous étions pour la plupart seuls et sans famille sur Paris. Moi j'avais à Bordeaux ma femme, les enfants et le grand-père.

Il était dans un drôle d'état ce facteur chef ! Il fallait qu'à midi la salle soit vide !

Personnellement avec un ami, nous avons choisi le boulevard Hausman parce qu'il n'y avait que des gardiens et donc pas de concierges pour faire la causette. Il ne fallait pas perdre de temps et ne pas être impolis !

La distribution terminée, le facteur chef tout content, nous a promis une récompense. Il nous a octroyé quatre repos compensateurs. Comme nous étions récemment embauchés, cela nous faisait un petit plus. Au lieu d'avoir quinze jours, nous avons eu dix-neuf jours. Mais il ne fallait pas que cela se sache !

 Mais bien sûr, comme toute chose qui ne doit pas être sue, le secret de Polichinelle ne tarde pas à être dévoilé ! Ce qu'il faut savoir c'est que nous nous sommes mis à dos les syndicats !

Nous avons déjeuner à la cantine de la Sncf parce nous avions le droit d'aller y déjeuner. Il y avait une entente entre la Sncf et les PTT pour que les uns puissent aller manger dans la cantine des autres et inversement. La cantine de la Sncf de la gare du nord était la meilleure de toute.

Après le repas, un camarade m'invite à venir voir son appartement, rue Saint Martin. Nous allons boire un café au café. Et C'est là que c'est unique !

Oh je ne sais pas si je peux vous raconter cette anecdote ! Dans ce café, il y avait des dames de petite vertu et elles étaient comme chez elles. Ça m'est toujours resté : Une d'entre elles s'est exprimée de la façon suivante :

« Oh les filles, il est quatre heures, je n'ai pas encore dérouillée ! ». Elle a dit ça d'un naturel !

On a fini comme ça la journée du premier Janvier 1955 avec la grande satisfaction et reconnaissant de notre chef facteur !

En 1956 : je suis revenu à Bordeaux au tir de nuit, j'ai fait trois ans. Puis j'ai passé le concours de receveur distributeur et après mon stage j'ai été nommé à la Ville aux Dames. J'avais choisi beaucoup de villes. C'était le début de la guerre d'Algérie aussi mais plus personne ne voulait y aller. J'avais mis du grand sud-ouest en passant par le Maine et Loire et les Pyrénées.

Une nouvelle Vie à La Ville aux Dames

Mon arrivée à la Ville aux Dames :

Personne dans mon entourage ne connaissait La Ville aux Dames !

Mon cousin m'a proposé de faire le voyage de Paris à Tours en voiture dès que j'ai su où j'étais affecté. La Ville aux Dames !

Je ne savais même pas où cela se situait. Je n'avais jamais entendu parler de la Ville aux Dames.

Mon cousin m'a dit « il faut prendre la direction de Blois, on ne traverse pas la Loire. Tu verras lorsque l'on va arriver à Saint Pierre des Corps, il y a aura un panneau « La Ville aux Dames ».

Je le vois cet écriteau, je le vois toujours !

Mon premier étonnement : Je ne vois qu'une mairie, une église et un café. Ça me fait drôle ! Pas de grandes rues, peu de voitures, pas de bruit !

Mon cousin me laisse devant le café et il poursuit sa route sur Blois.

Le monsieur m'indique le Grand Village. Le grand Village était encore marqué par la guerre et n'était pas encore remis en état. Nous étions en 1959.

Un curé sur un solex me salue.

La dame du Café, Germaine m'indique la maison du maire. Elle était célèbre dans le village Germaine. Tout le monde la connaissait. La veille de mon arrivée, il y avait eu la grande fête des prisonniers. Il y avait eu beaucoup de monde et aujourd'hui, jour de mon arrivée « Pas un chat dans les rues ! » me disait Germaine !

Ce sont les trois seules personnes que j'ai vu à mon arrivée !

J'apprendrais plus tard que le fameux curé sur son solex était l'abbé Jérôme, une figure incontournable du village et de son histoire.

Je fais donc connaissance avec le maire Monsieur Delaunay. Il était maire seulement depuis le mois de mars. Il me dit qu'il ne connaît pas l'agencement du bureau de poste et que la personne en service n'habite pas le bureau de poste. Celle que j'allais remplacer avait son propre domicile.

C'était bizarre pour moi, car pour une bonne tenue du bureau de poste, il fallait habiter dans le logement de la Poste. Dans le logement, il n'y avait ni l'eau ni le chauffage. Le maire m'a accompagné jusqu'au bureau de poste et m'a promis de venir me voir quand je serai bien installé.

Le bureau de poste est désert. Personne. Normal puisque la personne que je vais remplacer ne l'habite pas. Je n'arrête pas de penser « Incroyable, un bureau de poste, cela doit être tenu non ? »

J'ai débuté le premier Juin avec deux facteurs pour faire la distribution. Nous étions desservis par Saint Pierre des Corps. Le bureau de poste de la Ville aux Dames dépendait de Saint-Pierre des Corps. C'est pourquoi je suis mis en fonction comme receveur des Postes par Monsieur Janin, le directeur adjoint du bureau de poste de Saint Pierre des Corps.

Les deux facteurs partaient en tournée et moi, mon rôle était de rester au bureau de poste, de recevoir les clients et d'avoir une bonne tenue du bureau.

Je n'avais pas de quoi m'ennuyer.

Ma femme et les enfants m'ont rejoint un peu plus tard à la Ville aux Dames. Je me souviens bien du jour de son arrivée : elle portait des gants et des souliers blancs à talons.

Pour déménager, on avait le droit seulement à trente m² alors on a emmené juste le nécessaire. Tout le reste est resté chez mon père qui lui n'a pas voulu nous suivre. On lui avait dit de laisser son atelier et de venir avec nous afin qu'il ne reste pas tout seul à Talence. Mais rien à faire, ce bonhomme voulait rester à Talence, tout seul.

Au fait c'est un peu comme moi, j'en ai fait toute une histoire pour partir de Véretz, j'étais bien dans ma maison. Mais heureusement que les enfants ont insisté. Tout seul, on vivote.

Dans le village, ça chuchotait dur « Il parait qu'ils sont bordelais ! »

Nous ne possédions pas de coffre-fort à mon arrivée. Ce n'est que bien plus tard qu'ils m'ont installé un coffre-fort avec combinaison. Une révolution à l'époque !

A la fin de chaque mois, nos écritures comptables étaient transmises à la recette principale à Tours.

Nous vendions des timbres, on faisait des mandats. Il y avait beaucoup de contre remboursements aussi. On était arrangeants et combien de fois, j'ai entendu « J'ai un colis de la redoute qui est arrivé, pouvez-vous le garder ? Je pourrais vous le payer quand j'aurais reçu mes allocations. » Alors nous gardions les colis et on le distribuait quand les allocations étaient tombées.

Nous étions un vrai service public.

Quelques anecdotes :

Un jour, les enfants de l'école me disent « Monsieur, il y a des manouches devant votre bureau » On ne dit plus des manouches mais des gens du voyage.

Ils viennent au bureau de poste pour sortir leur courrier en poste restante parce que le bureau s'appelle pour eux « commune de rattachement ».

Je connaissais la plupart d'entre eux.

Un d'entre eux, un jour, me dit « J'ai des ennuis avec un ferrailleur de Villeperdue et dans les marchandises que je lui emmène il me demande la provenance. Alors qu'est-ce que cela veut dire ? ».

Je lui réponds « la provenance, c'est de l'endroit d'où ça vient ! ».

« Comment veux-tu que je le sache en pleine nuit ? » Me répond-il !

Les manouches, ils se rendaient toujours à la poste avec une armée de gosses. Le bureau de poste pour eux, c'était comme un endroit sacré.

Ils ont toujours été respectueux avec moi. Jamais un mot plus haut que l'autre.

Ils y venaient souvent pour des rendez-vous de cabines téléphoniques. Aujourd'hui, cela n'existe plus les rendez-vous de cabines téléphoniques.

On ne savait jamais si leur identité était vraie. Ils avaient souvent des noms d'emprunts et toujours des noms à la noix. Ils ne savaient même pas s'ils étaient cousins ou pas.

On les appelait aussi « les romanichels ». Quel drôle de nom !

Mais ils étaient pour beaucoup sérieux et ils disaient toujours « on se tient comme il faut dans les bureaux de référence ! »

Les gendarmes de Saint- Pierre des Corps sont venus me voir en me disant qu'ils avaient reçu un appel de la gendarmerie de Châtellerault qui leur disait qu'un certain Reinhardt alors qu'il faisait une manœuvre avec son camion était rentré dans la fourgonnette de la gendarmerie. « Comment vous voulez que je vous dise qui c'est sans le prénom, j'ai tellement de Reinhardt. » je leur avais répondu !

Je me souviens d'une petite jeunette qui avait reçu un courrier en poste restante de la CPAM mais comme elle ne savait pas lire, la guichetière lui dit « Vous êtes en cloque ! Je vous mets en relation avec le médecin pour que vous remplissiez ce papier et il faut le renvoyer à la CPAM après. ».

On faisait aussi beaucoup dans le social aussi.

J'ai encore un drôle de souvenir. J'ai vécu une sorte de hold-up au bureau de poste de la Ville au Dames. A chaque fois que je repense à ce souvenir, je ne peux pas empêcher de rire et de trouver ce moment tellement cocasse :

Je ne me souviens plus à quel moment c'est arrivé. Un beau drôle, désœuvré de Montlouis avec un bas de femme tout à fait ordinaire sur la tête qui lui faisait une tête d'asiatique a surgi dans le bureau de poste. C'était en fin de journée.

Je lui demande : « Mais que veux-tu à cette heure-ci ? » et lui qui me répond : « de l'argent ! ». Sur ce, je lui rétorque « mais il n'y a plus d'argent ici à cette heure-là ! Y'a longtemps que la bagnole de la poste est partie avec le fric ! »

Et le voilà estomaqué : le pauvre, il avait manqué son coup. Il a posé son revolver devant lui. Il avait certainement pris ce revolver pour m'intimider mais il ne savait pas même pas s'en servir !

Il aurait mieux fait de venir le matin de bonne heure !

C'est vrai qu'on avait de l'argent au bureau de poste et à l'époque de cette histoire, je n'avais même pas de quoi mettre l'argent en sécurité. Nous n'avions pas encore le fameux coffre-fort. Je le mettais dans une caissette et la caissette sous mes fesses !

Avant, celle que je remplaçais, quand elle quittait le bureau poste, elle mettait tout dans une petite caissette métallique : l'argent en petite quantité, les timbres.

Je gardais peu d'argent au bureau. Juste ce qui fallait pour dépanner nos clients habituels. Et oui, déjà, à cette époque, on savait y faire pour fidéliser nos clients. Je me rappelle par exemple que certaines transactions pouvaient se faire à la fenêtre. La poste fermait à midi. Les clients retardataires arrivaient en courant en disant « Ah merde, c'est fermé ». Ils toquaient à la fenêtre « Excusez-moi Mr Lacassagne, je voudrais verser de l'argent sur mon compte »

Et je répondais « Attendez une seconde » et je tournais les trois bargettes et je leur disais de rentrer en vitesse pour qu'on ne les voit pas. Je ne le faisais qu'avec les gens que je connaissais très bien. C'est l'avantage de travailler dans un petit village. A la fin, tu connais tout le monde et quand tu as un bon sens du service et bien les gens, ils te font confiance. Ce n'est pas sorcier !

Je m'éloigne. Qu'est-ce que je disais déjà ? Ah oui l'histoire du cambriolage.

Bon n'empêche que ça m'a fait tout drôle cette histoire.

T'imagine : à dix-sept heures, à la fermeture, dans un village comme la Ville aux Dames, tu peux t'attendre à tout mais pas à un cambriolage !

Mais c'est moi qui l'ai pris à vif !

Pauvre bougre ! Il était apprenti charcutier et il avait dix-huit ans. Il avait besoin de sou mais il a agi avec précipitation. Il n'avait pas préparé son coup. Un cambriolage, ça se décide, ça se prépare !

Les gendarmes de Saint Pierre des Corps étaient dans les parages et ils m'ont demandé combien il m'avait pris. Je leur ai répondu rien car je n'avais pas d'argent au bureau !

Ah ! il en fait faire des choses le pognon !

Le Grand Village

Au début, il n'y avait pas grand-chose ici à la Ville aux Dames. Dans la première année où on est arrivés, il y avait qu'un seul médecin.

Les enfants n'avaient jamais vu de vaches de si près arrivant de Talence. Ils se sont mariés ici. Le Dominique a été conseiller municipal avec sa femme. C'est vous dire qu'ils s'y sont fait à la Ville aux Dames.

Et le voilà maintenant avec ses chèvres. Eux qui n'avaient pas eu l'habitude des animaux.

Quel bonheur ! On voyait les vaches pacager. Oh ! les vaches qui se séparaient pour rentrer dans leur ferme. Le Dominique, il les connaissait toutes.

Aujourd'hui, au Grand Village, il n'y a plus rien.

Mais à l'époque où j'étais receveur des postes, c'était quelque chose le Grand Village. On pouvait traverser le Grand Village et on y trouvait de tout : deux boulangeries, le charcutier, le boucher, la station, la petite supérette…puis un peu plus tard la pharmacie qui s'est installée.

Dans le bourg du village, pour le coup, à l'époque, il n'y avait rien comme commerce.

Sur le coup de midi, il y en avait du monde qui traversait le Grand Village !

Après la suppression du passage à niveau, c'est à partir de là que tout a été modifié. Ils ont tué le Grand Village en supprimant le passage à niveau. Puis il y a eu le Leclerc qui s'est installé et je crois que c'est à partir de là que cela a été la fin des haricots pour le Grand Village.

Les agriculteurs sont partis, l'explosion des maisons individuelles, des lotissements, la construction de la MAFPA. Bref l'évolution !

J'étais très attaché au Grand Village alors je suis toujours un peu ému quand je vois ce qu'il est devenu.

La fanfare et la salle Louis Renard

Il y a la salle Louis Renard qui restera à jamais pour moi l'emblème du Grand Village.

Elle fut d'abord une salle dite culturelle puis elle est devenue une chapelle du temps de l'abbé Jérôme. J'y ai chanté le Noël d'Adam ou que l'on appelle aussi le minuit chrétien : *« Minuit, Chrétiens, c'est l'heure solennelle Où l'homme Dieu descendit jusqu'à nous Pour effacer la tache originelle… »*.

Les gens venaient de partout pardi ! A l'époque, on pouvait dire que Montlouis et la Ville aux Dames ne faisait qu'un !

C'est Louis Renard qui a constitué la fanfare municipale de la Ville aux Dames.

Je me rappelle bien d'une anecdote. Celle de la bannière de la fanfare qui fut grignotée par les rats.

Avec le temps et la réputation de la fanfare, on a commencé à circuler beaucoup et il nous fallait une bannière. On savait qu'elle existait cette bannière. On a retrouvé la bannière et c'est là qu'on a découvert qu'elle avait été mangée par les rats !

Le président de la fanfare se demandait s'il fallait en faire une neuve mais la fanfare n'avait pas de sou Pardi !

On m'a chargé d'appeler le magasin où nous achetions nos partitions afin de savoir s'il faisait aussi les bannières. Elle coûtait cher la bannière mais le commerçant nous a fait un prix. Nous étions fiers de défiler avec cette nouvelle bannière.

La fanfare municipale de la Ville aux dames, c'est des sacrés souvenirs et des copains aussi.

Tiens, ce jour du premier de l'an 2018, ici dans mon petit logement, c'était un vrai défilé. Ils sont venus me rendre visite pour me souhaiter leurs vœux. On s'embrasse et on se raconte. C'est marrant comment les vœux d'une nouvelle année, ça remue encore le monde : Le personnel ici aussi est venu me souhaiter la bonne année, les amis, la famille.

La poste et les changements de noms des rues à la Ville aux Dames :

En 1971, le maire Delaunay au moment des nouvelles élections, il avait demandé à mon épouse : « Alors Me Lacassagne, je vous remets sur la liste ? »

A la Ville aux dames, il a été décidé de changer tous les noms de rue et de leur donner des noms de femmes célèbres. A l'époque, ma femme était au conseil et le 13 mars 1974, c'était le jour du conseil municipal, il y avait le projet de nouvelles voies qui devaient voir le jour. Le maire Delaunay a donc proposé de leur donner le nom des femmes célèbres et du coup de faire avec la même chose avec les anciennes rues.

C'est comme ça que le chemin de la taille est devenu Bernadette Delprat, il y a la rue Mado Robin, merveilleuse cantatrice, elle est morte à 42 ans en pleine gloire. Elle était spécialiste des roucoulades. C'est elle qui chantait l'air des Clochettes dans l'opéra Lakmé. Edith Piaf aurait pu avoir son nom de rue aussi.

Une seule rue déroge à cette règle, la "Rue de la Dame en noir", qui fut baptisée ainsi en hommage à l'abbé Jérôme Besnard, résistant au cours de la Seconde Guerre Mondiale dont le nom de code était « la Dame en noir ».

Nous, à la Poste, on savait que cela allait nous donner du travail tous ces changements de noms de rue.

Quand je suis arrivé, ce n'était que des lieux-dits

La direction des Postes avait trouvé cela très bien et quand tout a été validé, la direction nous a dit « C'est applicable, vous pouvez communiquer et à tous les habitants de la Ville aux Dames ».

Tout le monde avait sa liste avec les correspondances des rues. Heureusement que la factrice connaissait bien sa tournée parce que moi, qui ne sortait pas de mon bureau, je m'emmêlais les pinceaux.

Ça nous faisait une sacrée gymnastique dans le cerveau. Fallait s'y retrouver. Il y a eu bien sûr des erreurs. Des lettres qui nous sont revenues, par exemple les lettres qui venaient du Percepteur comme les feuilles d'impôts.

Il fallait refaire les étiquettes avec la nouvelle adresse et les coller sur l'ancienne adresse.

Y avait aussi ceux qui portaient les mêmes noms ; Chez les Dansault oui mais lesquels ?

Et avec tous ces Renard ? En rigolant, on disait « Quand est ce qu'on va décider de faire une battue ? ». Je me souviens, j'avais deux Renard Lucien, un qui travaillait à Primagaz et l'autre qui était agriculteur.

Les gendarmes venaient souvent nous voir pour demander si on connaissait un tel ou un tel. On répondait toujours non, on ne dénonçait pas. Chacun son métier !

Mais petit à petit, les changements se font faits et tout est rentré dans l'ordre.

Le théâtre à la Ville aux Dames

Faut dire aussi que dans ces années-là, il n'y avait pas grand-chose à faire à la Ville Aux Dames. D'ailleurs c'est parce qu'il n'y avait pas grand-chose à faire que le mari de Françoise Benicourt, notre future pianiste, a eu l'idée de monter une troupe de théâtre, pour apporter un peu de distraction aux habitants.

Alors après avoir « répertorié les artistes amateurs », la troupe se forma. Nous étions une petite douzaine. Et petit à petit, l'idée germa de chanter des duos d'opérette.

C'est ainsi que nous avons mis en scène l'opérette « Véronique » d'André Messager que nous avons joué au café de l'Union

Je chantais avec Evelyne Guetteau « Poussez l'escarpolette ». Morceau tiré de l'opérette Véronique. Evelyne jouait le rôle de Véronique et moi, celui de Florestan. Nous étions accompagnés au piano par Madame Benicourt.

Elle a bien connu Bernadette Delprat. Bernadette Delprat était une artiste lyrique tourangelle. Elle était soprano.

Elle a fait ses débuts dans Louise de Gustave Charpentier. C'est un opéra magnifique en quatre actes.

Mais ce qu'il faut savoir, c'est que ce n'est pas Gustave Charpentier qu'il l'a écrit. Il a acheté le livret à un poète qui s'appelait Saint Pol Roux. Puis Charpentier l'a remanié. Il faut toujours rendre à César ce qui appartient à César !

C'est une belle histoire d'amour : Louise est couturière pour un jeune poète qui s'appelle Julien mais les deux familles ne souhaitent pas voir aboutir cet amour. Ça ressemble un peu à Roméo et Juliette.

Il y a une rue à la Ville aux Dames qui porte le nom de Bernadette DELPRAT, c'est anciennement le chemin de la taille de la mairie.

Comme on peut le voir sur la photo, La petite, elle est installée sur sa balançoire mais avant de s'installer sur sa balançoire, elle venait de traverser la scène assise sur un âne. Elle avait un teint si magnifique !

On avait sorti l'âne de scène, le temps pour moi de me mettre en place à côté de la balançoire.

Je vous ai raconté l'histoire de l'âne ?

Non, allons bon, il faut que je vous raconte cette anecdote.

Le plus difficile dans cette histoire c'était de faire monter l'âne sur scène et croyez-moi, ce ne fut pas une mince affaire.

En effet, dans l'acte II, pour jouer le duetto de l'âne qui *« De-ci, de-là, cahin-caha, Va chemine, va ! Trottine, Va ! Petit âne, va de-ci, de-là, cahin-caha le picotin te récompensera »*.

D'abord, il a fallu trouver l'âne en question. Il y avait un forain bien moustachu qui habitait la Ville aux Dames et qui avait un âne. Il promenait son âne tous les jours en juillet sur les plages des Sables d'Olonne.

On s'est dit « Tiens et si on demandait au forain de nous prêter son âne ? ».

Il a accepté et ce petit âne qui n'était jamais monté sur une scène, le voilà propulsé sur la scène, tenu par la bride par son propriétaire.

Evelyne n'était jamais montée sur un âne ! On n'avait peur de rien !

Quelle audace quand j'y repense aujourd'hui. « Et si aux premières notes de piano, l'âne prend peur, qu'allons-nous faire ? » C'est la seule question que nous nous sommes posés.

Fort heureusement, l'âne a été très sage. Nous l'avons adopté pendant trois jours. Nous l'avons nourri avec de l'avoine et de l'herbe. Il était gourmand comme tout.

La grande difficulté fut, il faut bien le dire, de le faire monter sur la scène. Mais nous ne manquions pas d'ingéniosité.

Alors avec l'aide de quelques bénévoles, nous sommes arrivés à le faire monter sur la scène en le faisant passer par la fenêtre.

Le duo s'est magnifiquement bien passé. Nous avons été très applaudis. Tout le monde était heureux et « *De-ci, cahin-caha* » notre petit âne a repris sa vie d'avant.

Dans cette opérette, il y a la fameuse scène, toujours dans l'acte II, du duo de l'Escarpolette.

Pour ce duo, il a fallu construire une belle escarpolette autrement dit une balançoire. Elle a été construite par l'un d'entre nous, un très bon menuisier : Louis.

N'empêche qu'elle nous a bien fait rire cette balançoire et elle aussi, elle a valu quelques frayeurs. A l'époque, installer une balançoire sur l'estrade dans un café, ce n'était chose facile ni commune.
« Poussez, poussez l'escarpolette » c'était devenu aussi une expression que l'on se disait entre copains et on aimait bien chanter ensemble pour rire :

> *« Aura-t-elle vos jolis yeux,*
> *Le charme exquis de ce corsage,*
> *Ce teint si blanc, si merveilleux,*
> *Et la fraicheur de ce visage ? »*

Il y a soixante ans de cela et je n'ai rien oublié de ces moments délicieux et vraiment ce souvenir mérite toute sa place dans mon livre.

En 1959, il n'y avait pas beaucoup de téléviseurs noirs et blancs à La ville aux Dames alors qu'à Paris et dès 1953, il y en avait partout.

L'installation de cette petite troupe de théâtre a eu un vif succès. J'ai encore dans ma tête les images du public assis sur les bancs en bois.

Aujourd'hui encore, je revois Evelyne dans sa belle robe rose et son visage apeuré sur ce petit âne chantant *« Ah que c'est amusant un âne et capricieux entre nous… »*

L'âne de Véronique au café de l'union : quelle belle aventure !

Puis à peu à peu, la télévision est arrivée dans nos foyers éloignant ainsi les moments de rencontres, de partage. L'image a pris le dessus. Je me souviens que le directeur de l'école de l'époque organisait tous les samedis soir des séances de cinéma sous le préau de l'école.

Mon triple pontage :

Je me rappelle d'un épisode de santé qui aujourd'hui me fait rire parce que c'était assez cocasse mais pas sur le moment. D'abord parce que j'étais dans le cirage et ensuite parce que je n'étais pas fier.

J'aimais bien faire du vélo avec les copains des cyclos de la Ville aux Dames.

J'étais à la retraite. J'ai arrêté de travailler à soixante ans, en 1983 et à la retraite avec Mimi, on est partis vivre à Véretz.

On était partis faire du vélo avec les copains. On était à la sortie de Chinon quand j'ai fait ma chute. Du côté de Saint Benoit La Forêt. C'était un samedi et le dimanche, on allait changer d'heure et à cette époque de l'année, la nuit arrivait plus tôt.

Toute la journée, je me suis senti bizarre. Pour moi, c'était comme si la route s'était subitement arrêtée. Les copains ont dû appeler les pompiers qui m'ont emmené à la clinique Saint Gatien.

C'est Monsieur le maire qui a annoncé la nouvelle à mon fils Dominique et à ma belle-fille Patricia.

A l'hôpital, je me suis retrouvé sur un chariot avec une toile cirée sur le ventre. Le chirurgien est venu me voir, il a regardé ses écrans et dit « qu'est que je vais bien pouvoir vous faire… ? ».

Moi j'étais dans le cirage, alors il pouvait bien me faire ce qu'il voulait. Il a montré mon cas à son second et a dit quatorze heures. A ce moment-là, il était onze heures, je crois.

Le second a tout compris et il a préparé tout le festival. Sur le moment, je ne comprenais toujours rien.

Après mon pontage, le second est venu me voir et m'a tout expliqué : c'est lui qui s'est occupé des préparatifs, le chirurgien, lui ne s'occupe de rien sauf de ses gants.

Il m'a expliqué que pour ouvrir, il s'est servi d'une scie. Alors je lui ai demandé : « oui mais une scie comment ? » et là il me répond : « une simple scie Black et Decker !! »

Quinze jours après l'opération, ils m'ont mis à Bois Gibert. Le généraliste et ma famille n'ont pas été informés.

Personne, ni mon médecin, ni ma fille, ni ma belle-fille Patricia qui était pourtant infirmière ni ma femme !

J'ai eu trois pontages. Ils ont sorti des veines de ma jambe pour faire les ligaments. J'avais un copain qui me disait : « C'est le malade qui fournit tout ». Ça me fait toujours autant rire quand je pense à lui !

Quelle existence ! :

Se raconter au jardin…

Un rafraîchissement au jardin avec un petit gâteau, c'est quand même un beau cadeau de la vie ça !

Les filles ici, elles sont sympathiques. Elles ont toujours un mot gentil pour moi ! je pourrais dire que c'est presque comme un conte de fée de finir sa vie ici à la MAFPA plutôt que de finir tout seul !

Quand j'y pense : tous ces changements qui arrivent comme ça dans une vie. Ça fait la richesse d'une vie.

Moi, J'ai passé mon enfance à Talence. C'est une banlieue qui entoure Bordeaux. Ça me donne envie de parler de vin, de graves, de barriques. Mon père qui était tonnelier faisait partie de l'Union vinicole girondine. Cette union réunissait les tonneliers, les maîtres de chai et tous les corps de métiers autour du vignoble.

On fabriquait des barriques Bordelaises. Elle avait de l'allure la barrique bordelaise mais elle demandait du travail. Le cercle de châtaignier était lié par de la vime.[3]

---

[3] La vime : rameau de l'osier qui poussait en bordure de la Garonne.

On faisait des sorties et on visitait des châteaux et il y avait toujours un banquet important. Les châteaux incontournables à visiter portent les doux noms de : **Château Mouton Rothschild**, **Château de Pessac Léognan**, **Château Cos d'Estournel**….

Toutes ces visites ont permis à nos papilles de savourer de très bons crus de graves.

Il y avait aussi le château Haut-Brion qui est le domaine viticole le plus réputé du vignoble des Graves. Il est situé dans l'aire d'appellation du Pessac-Léognan, sur la commune de Pessac et de Talence.

C'étaient des moines qui géraient le domaine viticole et je peux vous dire qu'ils ne buvaient pas que de l'eau ! Je ne sais plus qui a dit cette phrase : « Si Dieu défendait de boire, pourquoi aurait-il fait ce vin si bon ? » en parlant du bon vin produit par les moines. Aujourd'hui, ce ne sont plus les moines qui s'en occupent. Le domaine a été, je crois, confisqué à l'église pendant la révolution française et vendu aux enchères comme « bien national ».

Je vais vous raconter l'histoire du château du Pape Clément. C'est le pape Clément V, qui s'appelait avant de devenir pape Bertrand de Goth, qui fut propriétaire du domaine. Bertrand de Goth, est nommé archevêque de Bordeaux par le pape Boniface VIII. Son frère Béraud de Goth lui offre une propriété plantée en vignes à Pessac. Quand Bertrand de Got le pape Clément V, il a fait construire sur le domaine une résidence et le Pape continua de gérer avec passion et soin son vignoble ce qui déjà à l'époque lui en faisait sa particularité. C'est en Avignon que le pape Clément V fit connaître les vins pessacais. Et là aussi c'est pendant la Révolution française que le domaine sera confisqué à l'église et vendu aux enchères comme bien national.

En 1937, au mois de juillet, je crois, un orage de grêle a presque entièrement décimé le vignoble.

Je pense que pour savourer un bon vin, il faut connaître son histoire. Quand on la connait un peu, le palais, les papilles font le reste et le tout réuni, c'est une belle poésie à partager entre bons amis.

J'étais bien jeune (douze-treize ans) à l'époque, je suivais mes parents et j'admirais : C'était majestueux. Je ne boudais pas mon plaisir et je savais que j'avais de la chance de vivre ces moments.

La visite se faisait toujours avant le repas, le dimanche.

On en a vu des belles propriétés avec des chais et de belles barriques bordelaises en chêne, habillées de cercle de châtaignier.

Se raconter au jardin.

Il y en un qui parle et une qui écrit : on fait une sacrée équipe !

Ah ! je ne vous ai pas dit : l'autre jour, j'ai rencontré Madame Dupont dans l'ascenseur, on a fait connaissance. Elle est sympa cette dame.

J'aime bien être là, je suis heureux, je ne suis pas tout seul et j'aime rencontrer ceux ou celles qui vivent à la MAFPA. C'est intéressant parce qu'il y a des gens que je connaissais avant quand j'étais receveur à la Poste. Y a la famille Dansault, les Renard… Je vois aussi leurs enfants que j'ai vu pas plus hauts que trois pommes !

(Monsieur Lacassagne s'arrête et il chante un air d'opéra)

Vous connaissez La Calas. Elle a une sacrée histoire. C'est elle qui choisissait le chef d'orchestre qui allait accompagner l'opéra dans lequel elle allait chanter. Elle avait ses préférences et elle savait le dire !

Elle a eu une sacrée carrière. Elle a commencé avec sa mère qui était elle-même musicienne.

Son père était pharmacien. Elle est née la même année que moi en 1923. Elle était, enfant, toute grosse et pas très jolie alors que sa sœur était très belle. Elle a beaucoup souffert de ça !

Elle avait une sacrée voix !

J'en ai appris des morceaux au cours Massonnet à Bordeaux : Arioso de Benvenuto d'Eugène Diaz, Mireille de Gounod, les cloches de Bonneville de Robert Planquette, la rose rouge d'André Messager, la Traviata de Verdi.

Histoires d'opéra

Comme La plume au vent, la femme varie

« Comme la plume au vent
Femme est volage
Est bien peu sage - qui s'y fit un instant.
Trompé par leurs doux yeux,
J'ai l'air d'y croire,
Bornant ma gloire - à tromper encore mieux.
Femme varie, femme varie,
Fol qui s'y fit - un seul instant. »

C'est un très bel opéra de Verdi qui s'appelle Rigoletto, je crois que cet air est l'acte IV de l'opéra.

Il y avait tellement de beaux airs chantés en français autrefois et qui mettaient les femmes et l'amour à l'honneur.

Dans **la Tosca de PUCCINI**, il y a cette histoire d'un jeune peintre du nom de Mario Cavaradossi qui compare les deux femmes qu'il aime : l'une est sa maîtresse et l'autre est Marie Madeleine qu'il est en train de peintre dont il est fortement troublé.

Monsieur Lacassagne se met à chanter :

« Ô de beautés égales,

Dissemblance féconde !

Brune est ma Floria,

Maîtresse tant aimée !

Et toi, beauté, qui m'es inconnue,

Le Seigneur te fit blonde !

Tes yeux d'azur sont pâles !

Ses yeux noirs scintillent !

Et splendeurs triomphantes,

Je vous joins toutes deux en un acte de foi !

Mais, Tosca, tout de même,

C'est toi seule que j'aime !

C'est toi seule que j'adore,

Tosca ! C'est toi ! »

Tous les amoureux de cet opéra sont épanouis quand ils entendent ce magnifique morceau. C'est tellement magnifique « dissemblance féconde… ».

Faut dire la vérité, nous, les hommes, on est fasciné par le mystère de la femme. On se trouve bien bêtes devant elles.

Les femmes, elles sont capables de vous faire faire des choses complétement folles. Regardez avant, au temps des duels, combien sont morts en duels pour les beaux yeux d'une femme. Ils se battaient pour sauver leur honneur.

C'était drôle les duels : on se donnait rendez-vous au petit matin à l'aube, dans un pré à l'écart de la vie, avec deux témoins. On choisissait les armes : épées ou revolver. On y perdait la vie ou on la gagnait !

C'est bizarre ce qu'elles peuvent nous conduire à faire : ça nous rend jaloux parfois au péril d'une vie.

A dix-huit-vingt ans, on est complétement ébahi par la beauté d'une jeune femme. C'est quelque chose d'inconnu. On est respectueux. On ne sait pas trop comment faire pour l'aborder. C'est un véritable chef d'œuvre de la vie, la beauté d'une femme.

A Bordeaux, quand on trouvait une jeune fille jolie, on disait : « eh ! dis donc, elle est drôlement baraquée » Cela voulait dire qu'elle avait tout de bien ! *(Il rit)*.

Les jeunes filles pour parler de nous, elles pouvaient dire : « il est timide ou il fait son coq ».

Ah, je me rappelle que lorsqu'on trouvait une jeune fille pas aimable, on disait d'elle : « Elle n'est point poignassante ! ».

Aujourd'hui, on a intérêt à faire attention à ce que dit quand tu parles des filles ou des femmes, tu as vite fait d'être accusé de tout !

La favorite de Gaetano Donizetti

C'est encore le destin d'un homme qui décide de changer sa vie pour l'amour d'une belle inconnue.

Au monastère de Saint Jacques de Compostelle près de Cadix, Fernand annonce à Balthazar, le Supérieur, qu'il abandonne le noviciat car il est tombé amoureux d'une belle inconnue aperçue à l'église. Balthazar le renvoie à regret, convaincu de son retour prochain.

Je me rappelle plus trop le détail, mais après avoir découvert que sa belle fut la favorite du roi, il décide de retourner à son monastère alors que le roi venait tout juste de l'anoblir suite à sa bravoure et qu'il avait reçu l'accord du roi pour se marier avec elle.

La favorite, la belle inconnue qui s'appelle Léonore va réussir à entrer en contact avec Fernand, déguisée en bonne sœur pour se justifier et lui dire tout l'amour qu'elle a pour lui. Elle mourra dans ses bras.

Mr Lacassagne chante :

« Un ange, une femme inconnue, à genoux, priait près de moi, et je me sentais à sa vue frémir de plaisir et d'effroi. Ah! Mi padre! Qu'elle était belle ! Et contre mon cœur sans secours c'est Dieu que j'implore... et c'est elle, c'est elle !... Que je vois toujours... »

Foutue mémoire, je ne me rappelle pas de la suite ! C'est beau hein ?

L'amour chanté dans les opéras, c'est du petit lait. Il n'y a rien de plus magique et d'enchanteur.

Les jours heureux :

Notre mariage : samedi 23 avril 1949

Le jour où on s'est mariés, il y avait six couples de jeunes mariés devant chez le photographe. J'ai dit à Mimi « on ne va pas faire patienter nos invités. C'est Pierrot qui a fait toutes nos photos de mariages. Les copains disaient toujours « le mariage de Robert, c'était grandiose !».

Nos demoiselles d'honneurs

Monsieur et Madame André CASSOU sont heureux de vous faire part du mariage de Mademoiselle Renée Myriam MONSEIGNE avec Monsieur Robert LACASSAGNE.

Et vous prient d'assister à la bénédiction nuptiale qui leur sera donnée le samedi 23 avril 1949, en l'église Notre-Dame-de-Talence, à 11 heures.

54, Rue Hustin
BORDEAUX

MENU

VINS

ROUGE

Clos Les Palanquettes
1res Côtes Sainte-Eulalie
Château Monjon le Gravier 1945
Sainte-Eulalie
Château Rostang 1943
Haut-Talence, 1res Graves
Château La Côte Haut-Brion 1943
Pessac, 1res Graves

BLANC

Entre-deux-Mers 1res Côtes
Château Mathalin 1943
Haut-Barsac
Champagne

Consommé en tasse
Hors-d'Œuvre variés
Bouchées à la Reine
Quartier de Pré Salé
Pommes Nouvelles
Poulets rôtis
Salade de saison
Fromage
Pâtisserie assortie
Corbeilles de Fruits
Bombe glacée
Café — Liqueurs

23 Avril 1949

Mimi, Dominique et Betty : mes deux bouts de chou. Cette photo a été prise lors du mariage du président de La lyre à Talence. Le matin, on avait chanté à la messe de mariage. Je me souviens Mimi m'avait dit « OH ! mais je n'ai rien à me mettre pour le lunch du mariage ». Tu parles, elle avait une garde-robe pleine à craquer et je lui avais répondu « Au moins, mets-toi une feuille de vigne ! » C'était quelque temps avant que je ne sois nommé à la Ville aux Dames

A Talence, C'était en 1955. Pour un mariage de Claudette, la demi-sœur de Mimi, famille Cassou (famille de Mimi). Mon épouse, la fille avec sa franche et le fils avec son nœud de papillons. Moi, je n'étais pas là, j'avais été muté à Paris. Elle vivait avec les enfants dans la maison de Talence.

Toujours en 1955, photo de mariage de Claudette.

Betty et son canard : elle ne voulait pas qu'on le tue. Son frère se préparait avec une serpe et une bille de bois. « Ne tuez pas mon canard », elle semblait si triste et déterminée à le sauver qu'on lui a laissé.

La confrérie du Poêlon. On mettait en avant la cuisine française. J'ai fait les diplômes que je rédigeais en écriture gothique.

Mimi avec un grand chef cuisinier japonais lors d'une cérémonie de la confrérie des Poêlons.

a rendre obligatoirement à Madame Lecasagne
PTT

Sa carrière de fromages mous tarie
La Ville-aux-Dames
et "les Gaillons" demeurent

S'il n'est pas de texte écrit, de charte de fondation de notre centre de peuplement, il reste cependant à considérer l'emplacement pour en conclure à l'ancienneté d'un groupement d'habitants. A proximité, en bordure de deux rivières, la Loire et le Cher, s'étend une large plaine de terres fertiles, de culture facile et si proche d'un centre déjà important, « Caesaroduum », qui, épaulé de la Martinopole, deviendra Tours plus tard et rassemble déjà une population importante ; c'est l'emplacement rêvé pour qu'un groupe rural s'établisse, assuré de trouver sur son territoire la possibilité de produire sa nourriture, céréales, légumes, et de fournir aux voisins, les Turones, les excédents. A ces produits du sol s'ajoutent les fruits de la pêche en rivières et de l'élevage, la tradition s'en est gardée : un vieil ami nous rappelait qu'il n'y a pas si longtemps l'on parlait encore d'une célèbre carrière de fromage mou qui aurait existé derrière l'église de La Ville-aux-Dames. N'était-ce pas rappelé que les habitants portaient par quantités appréciables le fromage blanc produit de leurs troupeaux de chèvres ?

Quoi qu'il en soit il est certain que dès l'an 1000 Foulques, comte des Turones et des Angevins, donnaient aux habitants des paroisses de La Ville-aux-Dames, Cogneuil et Montlouis, certains droits, au nom du Chapitre de Saint-Maurice de Tours, sur une propriété située sur les bords du Cher et dénommée le « Bois de Plante », qui fut la source de nombreux procès tant devant le Parlement de Paris dans les temps anciens que devant la justice des temps modernes : la dernière instance date de 1952.

L'ensemble du territoire de La Ville-aux-Dames formait dès le 10e siècle un fief dépendant de l'Abbaye de Saint-Loup, c'était une abbaye de religieuses d'où vraisemblablement le nom : la Villa, le domaine des Dames, religieuses. Il reste des vestiges et surtout une tradition rappelant l'existence de couvents à Bois-Neuf, au Sud des voies et au Bourg, au Nord ; là également s'élevait la grange des Dîmes. L'origine du nom a trouvé, dit-on, une autre source très différente : il y aurait eu dans la région des « damns », accueillantes et d'abord facile. C'est assez peu vraisemblable car la période révolutionnaire après 1789 a vu le pays changer de nom et s'appeler La Ville-aux-Sables, en raison des grèves de la Loire ; cela apporte une preuve de l'origine religieuse de la dénomination primitive. Cette nouvelle appellation ne dura pas et le vieux titre du passé revient bien vite et demeure, appuyé sur l'antique tradition : La Ville-aux-Dames.

Si le nom du pays est certain et ses origines presque aussi certaines, quel vocable donner à ses habitants ? Interrogez les anciens de la région, ils vous diront qu'on les appelle les « Gaillons », mot mystérieux qui ne rappelle en rien La Ville-aux-Dames et cependant... en cherchant un peu dans le lointain des âges, on trouve dans Rabelais ce mot qui désigne une coiffure assez haute, un bonnet « ruché » porté par les femmes autrefois ; ne serait-ce pas parce que les habitantes portaient ce bonnet que le nom leur fut donné ? De toute façon cette appellation est tombée dans l'oubli et bien peu se souviennent qu'elle fut employée. Un ami m'a soufflé qu'au moment des manifestations qui ont fêté le renouveau qui a suivi la sombre époque de 1944, dont nous reparlerons, il serait raisonnable de baptiser nos concitoyens du nom de Gynépolitains. Je suis sûr que les académiciens, les savants et les lettres trouveront le terme parfait et très bien adapté mais, justement, n'est-il pas un peu trop savant ? Et je dis à l'ami : « Ne sois pas vexé si ton idée n'est pas suivie. »

Les dimanches à la pêche : quel plaisir ces moments-là.

On l'appelait Mimi. On était tellement habitués à Mimi de la bohême de Puccini. Elle s'appelait Myriam mais son vrai prénom, c'était Renée. Elle n'a pas eu de parents, elle a longtemps vécu chez les sœurs. Elle a été adoptée par la famille Cassou à 18 ans. « Ben, qu'elle vienne chez nous, cela en fera une de plus ! »

En 2000, ma femme décède. Déjà dix-huit ans qu'elle est partie.

Tout à coup vivre avec l'absence, vivre avec une place vide dans le cœur, c'est …. Il n'y a pas de mot pour raconter ce que ça fait.

Revenir à La Ville aux Dames, c'est drôle pour y finir sa vie. Avoir été receveur presque trente ans et se retrouver résident ici. Se retrouver dans un endroit où a été de 1959 à1983.

Une existence.